MONSIEUR MADAME
MONSIEUR MADAME

Au boulot,
M. COSTAUD !

Au boulot,
M. COSTAUD !

Roger Hargreaves

Monsieur Costaud était l'homme le plus fort du monde. Mais il avait un problème, il était trop fort pour occuper les emplois qu'il trouvait : trop fort pour repeindre une maison sans risquer de la faire s'écrouler, trop fort pour laver une voiture sans en ôter toute la peinture… Beaucoup trop fort.

Et puis, ce matin-là…

Monsieur Costaud trouva enfin dans le journal l'emploi qu'il lui fallait.

Il serait…

Gardien de zoo !

Et, le lundi matin, monsieur Costaud fut nommé responsable de l'entretien de la cage aux singes.

Il cura, récura, astiqua et frotta le sol.
Cura, récura, astiqua et frotta encore…

Ha ! ha ! ha ! Jamais les singes ne s'étaient autant amusés à regarder quelqu'un travailler !

Mais il frottait avec tant de force que, crac !
Le manche du balai se brisa.

Monsieur Costaud était désolé.

Ha ! ha ! ha !
Cette fois, les singes se tordaient de rire !

Le mardi, monsieur Costaud dut s'occuper du panda.

À ton avis, monsieur Costaud emprunta-t-il la porte pour entrer dans la cage de l'animal ?

Pas du tout ! Il écarta deux barreaux.
Facile ! Il était si costaud !

Profitant de cette occasion inespérée, d'un coup de patte, le panda repoussa monsieur Costaud et, tout joyeux, alla goûter à sa liberté retrouvée.

– Comme je suis désolé ! murmura monsieur Costaud.

Le mercredi, monsieur Costaud fut relégué à la cuisine avec la mission de tout décrasser. Mais la vaisselle ne résista pas.

– Je suis vraiment désolé, dit monsieur Costaud.

Le jeudi, on confia à monsieur Costaud la vente des glaces.

Tiens, pas de dégâts ?

Hélas !

Un cornet à glace, c'est tout petit.

C'est fragile, aussi, et monsieur Costaud était non seulement très fort, mais aussi très maladroit... Splash !

– Oh ! oh ! je suis désolé ! Je vous prie de m'excuser ! balbutia monsieur Costaud aux clientes qui se retrouvèrent barbouillées de crème glacée.

Le vendredi, monsieur Costaud eut pour mission de nourrir les pingouins.

Et… plouf, il tomba avec le tracteur dans le bassin !

– Désolé, je suis désolé ! dit encore monsieur Costaud.

Décidément, monsieur Costaud avait raison :
il était beaucoup trop costaud.

Et pourtant…
Il continua à travailler au zoo.

Peux-tu imaginer à quelle tâche il fut affecté ?

On lui confia un travail qui nécessite une force hors du commun : le bain du bébé éléphant !

Pour une fois, monsieur Costaud se dit qu'il avait beaucoup de chance d'être aussi costaud !

Comme tous les bébés, bébé éléphant adorait barboter dans la mousse onctueuse, sous l'œil attendri de son nouveau gardien, monsieur Costaud, qui lui avait offert un joli petit canard.

La directrice du zoo le félicita :

– Bravo, monsieur Costaud ! Voilà un travail qui vous convient parfaitement. J'ai une idée...

À ton avis, à quoi la directrice du zoo a-t-elle pensé ?

Elle lui proposa de venir tous les samedis au zoo
pour donner le bain à bébé éléphant.
Puis à toute la famille éléphant au grand complet !

Et monsieur Costaud ne regrette absolument plus
d'être trop costaud. Car si un éléphant ça pèse, ça pèse…

… une famille éléphant, ça pèse énormément !

RÉUNIS VITE LA COLLECTION ENTIÈRE

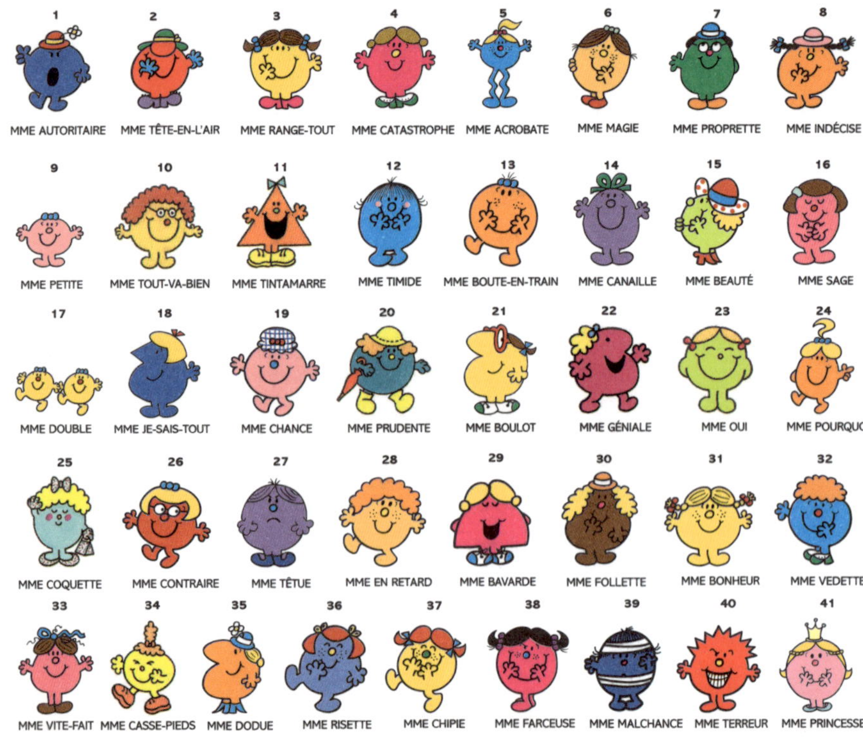

DES **MONSIEUR MADAME**

Adaptation : Josette Gontier
Dépôt légal : mai 2011
Loi n° 49-956 du 16 juillet 1949 sur les publications destinées à la jeunesse.
Imprimé et relié en France par I.M.E.